Märznacht (Night in March)
Hark! how the storm rages, and the swelling torrent there in the night!
Hark! how the storm rages! Terrifying sweet sensation! Beloved spring-
time, you are upon us!

Die Schwestern (The sisters)
1. We two sisters, what beauties we are, so alike in looks, even two eggs
   or two stars are not as alike as we are.
2. We two sisters, what beauties we are, we have nut-brown hair; and even
   when you do it into pigtails, you still won't know us apart.
3. We two sisters, what beauties we are, we wear identical clothes, we go
   walking over the meadows singing hand in hand.
4. We two sisters, what beauties we are, we spin at the same rate, we sit
   at one distaff, we sleep in one bed.
5. O two sisters, what beauties you are! How the tide has turned! You love
   one and the same sweetheart - that is where the little song ends!

Klosterfräulein (Maiden in a conv
1. Alas, I, poor maiden in a conv
   Spring has passed beyond my pr
   for me.
2. Alas, how far below here, two lam
   to you, lambs, you have seen spri
3. Alas, how far above here, two l   ... sunness. Good
   fortune to you, little birds, you are flying to a better homeland.

Phänomen (Phenomenon)
1. When Phoebus joins forces with the rain, at once there stands a rainbow
   tinged with colour.
2. In the clouds I see the same circle outlined, although the bow is white,
   it is still heavenly.
3. So, spritely old man, do not grieve; even though your hair is white, you
   still will love.

EINLEITUNG

Johannes Brahms (1833-1897) hatte unter den Komponisten des späten 19. Jahrhunderts wegen seiner Vertonungen sowohl weltlicher als auch geistlicher deutscher Texte eine herausragende Bedeutung. Die Vielseitigkeit seines chorischen Schaffens ist eindrucksvoll; neben seinem bekanntesten Werk dieses Genres, dem *Deutschen Requiem* (komponiert von 1857-1868) gibt es Werke für Chor *a cappella* genauso wie solche mit Begleitung durch Orchester, Klavier oder ein Kammerensemble. Im Werk von Brahms stehen umfangreiche, mehrteilige Motetten mit bis zu acht Stimmen neben schlichten, volksliedartigen Sätzen für vierstimmigen gemischten Chor. Auch wenn Brahms den größten Teil seiner Chorwerke für gemischte Stimmen schrieb, komponierte er doch auch sowohl für reine Männer- wie auch für reine Frauenchöre. Außerdem gibt es von seiner Hand eine Reihe von Vokalduetten mit Klavier (die Opera 20, 28, 61, 66 und 75) für verschiedene Stimmenkombinationen.

Im Jahr 1859 gründete und leitete Brahms in Hamburg einen künstlerisch regen und unternehmungslustigen Frauenchor, in dem ungefähr 40 Sängerinnen mitwirkten. Brahms war zu der Zeit ein junger, zugleich aber auch einfallsreicher Dirigent, der die von ihm geleiteten Chöre wahrscheinlich mit einem vielfältigen Repertoire vertraut machte. 1868 standen beispielsweise Teile seines eigenen *Deutschen Requiems* und Chöre aus wichtigen Werken der Barockzeit, darunter aus Bachs *Matthäus-Passion* und Händels *Messias* auf einem Programm. In einem anderen Konzert dirigierte er Schütz' *Musicalische Exequien* – die Beschäftigung mit diesen frühen Werken hatte zweifellos Auswirkungen auf seine eigenen Kompositionen. Brahms' Vorliebe für die kontrapunktischen Techniken der Barockzeit zeigen sich in seinem Werk: Die Mittel- und Unterstimmen seiner Kompositionen sind oft nicht nur schlichte harmonische Füllstimmen – so behandelten einige seiner Zeitgenossen sie in ihren chorischen Kompositionen –, sondern zeigen eine interessante, eigenständige Linienführung.

In die vorliegende Auswahl wurden Werke aus *Zwölf Lieder und Romanzen* op.44 – höchstwahrscheinlich für seinen Frauenchor komponiert – und aus den *Vier Duetten für Sopran und Alt* op. 61 ausgewählt. Die Klavierbegleitung bei op. 44 ist mit *ad libitum* bezeichnet, musikalisch aber doch als sehr wünschenswert anzusehen. Bei den *Vier Duetten* ist die Klavierbegleitung für den kompositorischen Zusammenhang zwingend notwendig, klaviergerecht komponiert und in enger Verbindung zu den Singstimmen geführt, ohne sie doch schlicht zu verdoppeln. Obwohl dieses Opus ausdrücklich für solistische Ausführung bestimmt ist, enthalten die aus op. 61 ausgewählten Sätze doch keine Passagen, die schwer oder exponiert wären, und bieten sich für eine Aufführung durch einen kleinen oder mittleren Chor an.

Die von Brahms ausgewählten Texte stammen von einer Vielzahl von Autoren. Die beiden Texte von Paul Heyse gehören zu den *Vier Liedern aus dem Jungbrunnen* (aus einer Zusammenstellung mit Jugendwerken des Dichters) und haben keine eigenen Titel. Der volle Titel des einzelnen Textes von Wilhelm Müller - Schubert vertonte viele seiner Gedichte - lautet *Die Braut von der Insel Rügen*, und der Textzusammenhang wird klar, wenn man an die vom Meer umschlossene Ostseeinsel denkt. Das Gedicht stammt aus der Sammlung *Muscheln von der Insel Rügen*. In der dortigen Gemeinde war es üblich, daß Witwen in der Kirche separat auf niedrigen Kirchenstühlen saßen, üblich war es auch, daß Bräute blaue Schürzen trugen. Ein Gedicht aus Goethes *Westöstlichem Divan* schließt die Sammlung. Sein Epigramm über die Tröstungen des Alters wird durch die Wärme und Großartigkeit von Brahms' Satz in faszinierender Weise unterstrichen.

Die acht hier vorgelegten Sätze zeigen eine Vielfalt musikalischer Faktur und Charaktere und können für Konzertprogramme nach Belieben zusammengestellt werden. Die Sätze aus den beiden Opera bilden in sich kleine sinnvolle Einheiten, obwohl es durchaus auch möglich ist, die Reihenfolge der Sätze aus op. 61 zu vertauschen. In diesem Fall erlaubt der versteckte Witz von *Die Schwestern* einen freundlichen Abschluß, während *Klosterfräulein* seinen besten Platz in der Mitte der kleinen Gruppe beibehält. Bei den Sätzen aus op. 44 ist *Rosenzeit* ein freundlicheres Eröffnungsstück als *Die Müllerin*. Wenn nur drei Sätze aus op. 44 gesungen werden, bietet sich als Gruppe *Die Braut*, *Der Kirchhof* und zum Schluß *Märznacht* mit den dort zu findenden aufregenden kontrapunktischen Elementen an.

Diese Ausgabe basiert auf den Bänden 21 und 22 der von Eusebius Mandyczewski herausgegebenen Gesamtausgabe der Werke Brahms' (*Johannes Brahms sämtliche Werke*, Leipzig 1926 - 1927). In den Texten wurde ß durchgehend durch ss ersetzt. Ergänzte crescendo- und diminuendo-Zeichen werden wie folgt gekennzeichnet ⋝, andere Zusätze durch eckige Klammern. Die Titel *Rosenzeit*, *Der Kirchhof* und *Die Braut* sind ebenfalls herausgeberischer Zusatz. Einige kleine Unstimmigkeiten, vor allem bei der Dynamik, wurden ohne besondere Erwähnung angeglichen.

Ich möchte Otto und Gerda Horwich für ihre wertvolle Hilfe bei den Übersetzungen danken. Besonderer Dank gebührt James Brown, meinem früheren Kompositionslehrer an der Universität von Leeds, der mich in die reiche Vielfalt der Brahmschen Werke für Instrumente, Klavier und Stimmen eingeführt hat.

Judith Blezzard
April 1995

This edition © 1995 by Faber Music Ltd
First published in 1995 by Faber Music Ltd
3 Queen Square London WC1N 3AU
Cover design by S & M Tucker
Music processed by Silverfen
English singing translations by Judith Blezzard
© 1995 by Faber Music
German translation by Dorothee Göbel
Printed in England by Halstan & Co Ltd
All rights reserved

ISBN 0 571 51613 0

Die Müllerin

(The miller maid)

Text: Adalbert von Chamisso

Op. 44 No. 5

Rosenzeit
(Roses in bloom)

Text: Paul Heyse

Op. 44 No. 7

off

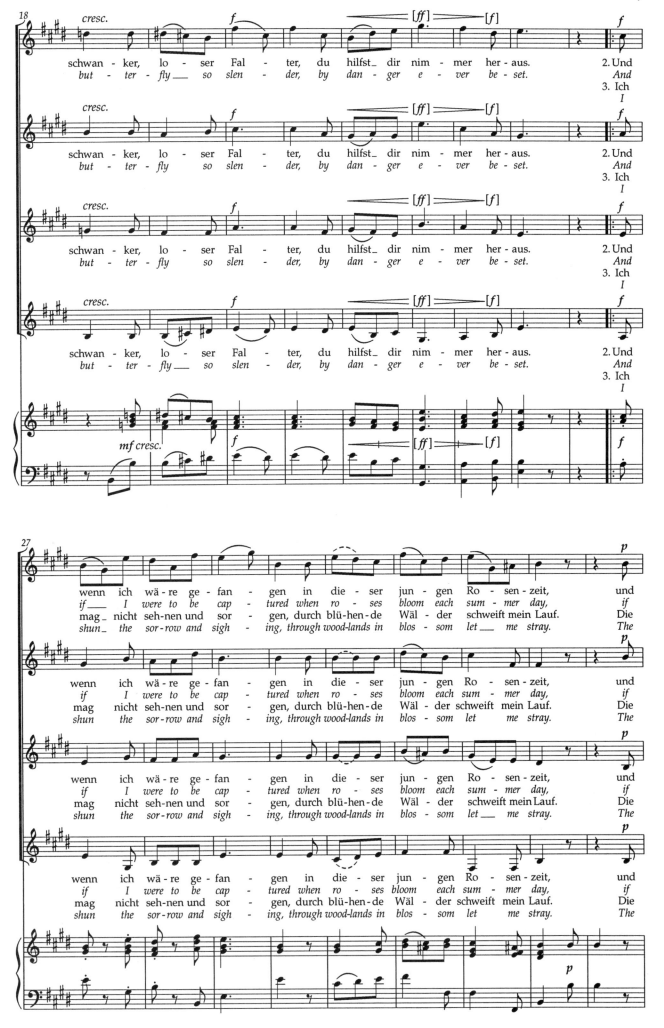

10

Der Kirchhof
(The churchyard)

Text: Paul Heyse

Op. 44 No. 10

Die Braut
(The bride)

Text: Wilhelm Müller

Op. 44 No. 11

will zu Nacht so lan - ge Trä - nen auf sie wei - nen. 2. Und wenn mei - ne Trä - nen
tears will fade my dark blue robe as I lie weep - ing. If I weep both day and

will zu Nacht so lan - ge Trä - nen auf sie wei - nen. 2. Und wenn mei - ne Trä - nen
tears will fade my dark blue robe as I lie weep - ing. If I weep both day and

will zu Nacht so lan - ge Trä - nen auf sie wei - nen. 2. Und wenn mei - ne Trä - nen
tears will fade my dark blue robe as I lie weep - ing. If I weep both day and

will zu Nacht so lan - ge Trä - nen auf sie wei - nen. 2. Und wenn mei - ne Trä - nen
tears will fade my dark blue robe as I lie weep - ing. If I weep both day and

es nicht schaf-fen kön-nen, wie sie im-mer strö-men, wie sie im-mer bren-nen,
night in hope-less yearn-ing, tears for - e - ver stream-ing, tears for - e - ver burn-ing,

es nicht schaf-fen kön-nen, wie sie im-mer strö-men, wie sie im-mer bren-nen,
night in hope-less yearn-ing, tears for - e - ver stream-ing, tears for - e - ver burn-ing,

es nicht schaf-fen kön-nen, wie sie im-mer strö-men, wie sie im-mer bren-nen,
night in hope-less yearn-ing, tears for - e - ver stream-ing, tears for - e - ver burn-ing,

es nicht schaf-fen kön-nen, wie sie im-mer strö-men, wie sie im-mer bren-nen,
night in hope-less yearn-ing, tears for - e - ver stream-ing, tears for - e - ver burn-ing,

nun, ich will ja kom-men, will mich fromm ge - sel - len zu den an-dern From-men.
church, that's where you'll find me, mar-riage vows I swear not, vows of prayer shall bind me.

nun, ich will ja kom-men, will mich fromm ge - sel - len zu den an-dern From-men.
church, that's where you'll find me, mar-riage vows I swear not, vows of prayer shall bind me.

nun, ich will ja kom-men, will mich fromm ge - sel - len zu den an-dern From-men.
church, that's where you'll find me, mar-riage vows I swear not, vows of prayer shall bind me.

nun, ich will ja kom-men, will mich fromm ge - sel - len zu den an-dern From-men.
church, that's where you'll find me, mar-riage vows I swear not, vows of prayer shall bind me.

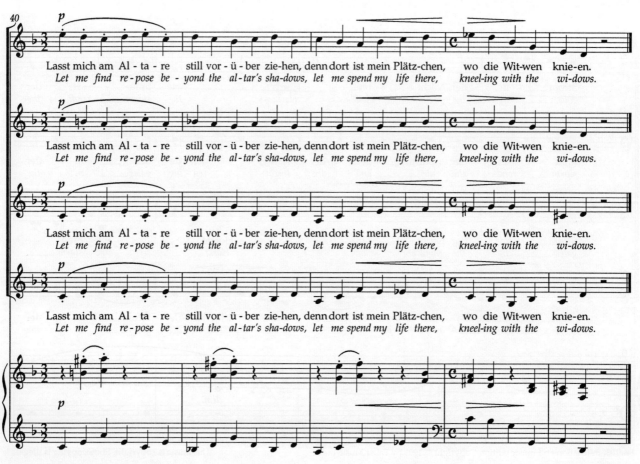

Lasst mich am Al - ta - re still vor - ü - ber zie-hen, denn dort ist mein Plätz-chen, wo die Wit-wen knie-en.
Let me find re-pose be - yond the al-tar's sha-dows, let me spend my life there, kneel-ing with the wi-dows.

Lasst mich am Al - ta - re still vor - ü - ber zie-hen, denn dort ist mein Plätz-chen, wo die Wit-wen knie-en.
Let me find re-pose be - yond the al-tar's sha-dows, let me spend my life there, kneel-ing with the wi-dows.

Lasst mich am Al - ta - re still vor - ü - ber zie-hen, denn dort ist mein Plätz-chen, wo die Wit-wen knie-en.
Let me find re-pose be - yond the al-tar's sha-dows, let me spend my life there, kneel-ing with the wi-dows.

Lasst mich am Al - ta - re still vor - ü - ber zie-hen, denn dort ist mein Plätz-chen, wo die Wit-wen knie-en.
Let me find re-pose be - yond the al-tar's sha-dows, let me spend my life there, kneel-ing with the wi-dows.

Märznacht
(Night in March)

Text: Ludwig Uhland

Op. 44 No. 12

English translation and music edition Copyright © 1995 by Faber Music Ltd.

Die Schwestern

(The sisters)

Text: Eduard Mörike

Op. 61 No. 1

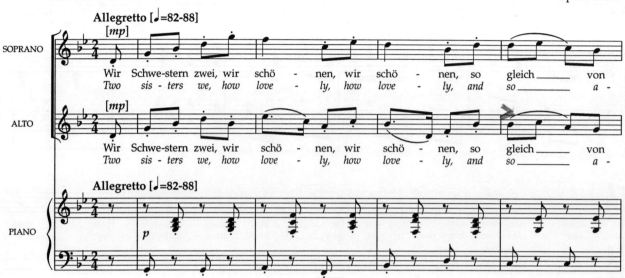

Klosterfräulein
(Maiden in a convent)

Text: Justinus Kerner

Op. 61 No. 2